Haciendo Discípulos

Haciendo más y mejores seguidores de
Cristo al vivir la Gran Comisión

Robert E. Logan
con Charles R. Ridley

Publicado por Logan Leadership

Visítenos en: **www.discipleshipdifference.com**
A menos de que se indique de manera distinta, todas las citas de la Escritura fueron tomadas de La Santa Biblia, Nueva Versión Internacional, copyright © 1999, 2011-2015 por Biblica®. Usado con permiso de Biblica®, 1820 Jet Stream Drive, CO Springs, 8092. Todos los derechos reservados.

ISBN: 978-1-944955-12-0

Impreso en los Estados Unidos de América

Reconocimiento

La habilidad de escritura excepcional de Tara Miller trae nuestros pensamientos e ideas a la vida. Por encima de otros, ella hace que este libro sea posible. Por muchos años, su colaboración creativa ha hecho posible el dar recursos escritos a la iglesia para que las personas puedan descubrir y vivir el propósito que Dios les ha dado.
Traducción al español por Cristina Di Stefano.

CONTENIDO

Creciendo en hacer discípulos

Esta guía es una de las ocho guías de discipulado de la serie "Dimensiones del Discipulado." Lo importante no es la guía con la cual comiences. Empieza leyendo donde tú quieras, y continúa hacia donde Dios te dirija. Cuando vivimos en un ritmo y fluir dinámico de una vida misional, necesitamos escuchar la dirección del Espíritu Santo. Estas ocho guías están organizadas según el diagrama que se muestra a continuación; examínalo para ver cómo encajan juntas cada una de las piezas.

Hacer discípulos significa vivir en obediencia personal a la gran comisión dada por Jesús, lo cual abarca hacer más y mejores seguidores de Cristo.

Por tanto, vayan y hagan discípulos de todas las naciones, bautizándolos en el nombre del Padre y del Hijo y del Espíritu Santo, [20] enseñándoles a obedecer todo lo que les he mandado a ustedes. Y les aseguro que estaré con ustedes siempre, hasta el fin del mundo. –Mateo 28:19-20

¿Qué significa hacer discípulos? ¿Dónde comenzamos? ¿Cuál es la mejor manera en la que podemos ayudar a otros a seguir a Jesús? ¿Qué piezas deben estar en su lugar para que el proceso de discipulado se reproduzca? El siguiente trayecto de cinco partes cubre estas cinco expresiones esenciales del discipulado:

- o Participar en conversaciones espirituales con los que todavía no son seguidores de Jesús
- o Explicar las buenas nuevas y el camino de Jesús
- o Establecer a los nuevos creyentes en un proceso de discipulado
- o Conectar a personas con una comunidad de fe
- o Ayudar a seguidores nuevos a hacer más seguidores

> "El acto más grande de fe es cuando un hombre entiende que él no es Dios." Oliver Wendell Homes, Jr.

Reúnete con un grupo de tres o cuatro para hablar de cada una de estas expresiones. Hazle a cada uno las siguientes preguntas. Espera, y pon atención a las respuestas que surgen del corazón. Anímense, desafíense y afírmense uno al otro. Vayan a su propio paso: pueden estudiar una guía a la semana, o una guía cada mes. Sigan cualquier ritmo que funcione mejor para ustedes.

Asegúrense de dejar tiempo suficiente para comenzar a vivir cada una de estas conductas.

1ª Parte:

Participando en conversaciones espirituales con los que todavía no son seguidores de Jesús

Pregunta clave: ¿Con quién estás teniendo conversaciones espirituales?

Una de las razones por las cuales compartir nuestra fe tiene una mala reputación, es porque hablamos sin escuchar. Sin importar el tema de la conversación, nadie disfruta participar en una discusión con alguien que habla todo el tiempo sin preguntarle a la otra persona y escuchar sus respuestas. Simplemente es algo cortés que se debe hacer.

Escuchar y hacer preguntas a los demás, y obtener esa atención de regreso, es una parte integral del camino espiritual de una persona. Que alguien más nos haga preguntas que nos hacen pensar, y escuche nuestras respuestas, nos ayuda a meditar y llevar a cabo las ideas en una forma en la que nunca haríamos al solo recibir una predica. Sencillamente es parte de la manera en la que Dios nos creó para aprender.

Al ser enviados al mundo para hacer discípulos, necesitamos comprometernos en numerosas conversaciones en el transcurso de una relación. No se trata sólo de una junta de alto riesgo, en la que necesitamos decir todos los puntos que necesitamos decir. Es una serie de conversaciones en las que hacemos preguntas y realmente escuchamos las respuestas. Y en conversaciones reales, reconocemos que no todos siempre están de acuerdo con nosotros. Eso es natural. Necesitamos respetar las diferencias y no forzar un resultado o causar una enemistad por los desacuerdos. Podemos compartir nuestras perspectivas, pero necesitamos reconocer que no todos estarán de acuerdo con nosotros. Eso está bien – Dios sigue obrando en formas que no entendemos. Nuestra parte sencillamente es permanecer fieles en seguir teniendo conversaciones de fe marcadas por el respeto.

> "El éxito es la habilidad de poder ir de un fracaso a otro, sin perder el entusiasmo." Sir Winston Churchill

Preguntas:

Haz una lluvia de ideas de preguntas buenas que te hagan pensar, y que le puedas preguntar a otros cuando surja la oportunidad. Estas son una que te ayudarán a comenzar:

¿Qué te enseñaron acerca de Dios cuando eras pequeño?

¿Cómo le has explicado la muerte (por ejemplo de un abuelo) a tus hijos?

¿Qué encuentras significativo de tu trabajo?

_____

_____

_____

_____

_____

Esta semana lee y reflexiona diariamente en la Escritura presentada a continuación. Comienza un fluir natural de oración conversacional con el Espíritu Santo al meditar en las Escrituras, invitándolo a que Él se revele. Luego reúnete con los que estás compartiendo esta trayectoria, e interactúen con las preguntas del discipulado.

Juan 4:1-26

Jesús se enteró de que los fariseos sabían que él estaba haciendo y bautizando más discípulos que Juan [2] (aunque en realidad no era Jesús quien bautizaba sino sus discípulos). [3] Por eso se fue de Judea y volvió otra vez a Galilea. [4] Como tenía que pasar por Samaria, [5] llegó a un pueblo samaritano llamado Sicar, cerca del terreno que Jacob le había dado a su hijo José. [6] Allí estaba el pozo de Jacob. Jesús, fatigado del camino, se sentó junto al pozo. Era cerca del mediodía. [7-8] Sus discípulos habían ido al pueblo a comprar comida.

En eso llegó a sacar agua una mujer de Samaria, y Jesús le dijo:

—Dame un poco de agua.

[9] Pero como los judíos no usan nada en común con los samaritanos, la mujer le respondió:

—¿Cómo se te ocurre pedirme agua, si tú eres judío y yo soy samaritana?

[10] —Si supieras lo que Dios puede dar, y conocieras al que te está pidiendo agua —contestó Jesús—, tú le habrías pedido a él, y él te habría dado agua que da vida.

[11] —Señor, ni siquiera tienes con qué sacar agua, y el pozo es muy hondo; ¿de dónde, pues, vas a sacar esa agua que da vida? [12] ¿Acaso eres tú superior a nuestro padre Jacob, que nos dejó este pozo, del cual bebieron él, sus hijos y su ganado?

[13] —Todo el que beba de esta agua volverá a tener sed —respondió Jesús—, [14] pero el que beba del agua que yo le daré, no volverá a tener sed jamás, sino que dentro de él esa agua se convertirá en un manantial del que brotará vida eterna.

[15] —Señor, dame de esa agua para que no vuelva a tener sed ni siga viniendo aquí a sacarla.

[16] —Ve a llamar a tu esposo, y vuelve acá —le dijo Jesús.

[17] —No tengo esposo —respondió la mujer.

—Bien has dicho que no tienes esposo. [18] Es cierto que has tenido cinco, y el que ahora tienes no es tu esposo. En esto has dicho la verdad.

[19] —Señor, me doy cuenta de que tú eres profeta. [20] Nuestros antepasados adoraron en este monte, pero ustedes los judíos dicen que el lugar donde debemos adorar está en Jerusalén.

[21] —Créeme, mujer, que se acerca la hora en que ni en este monte ni en Jerusalén adorarán ustedes al Padre. [22] Ahora ustedes adoran lo que no conocen; nosotros adoramos lo que conocemos, porque la salvación proviene de los judíos. [23] Pero se acerca la hora, y ha llegado ya, en que los verdaderos adoradores rendirán culto al Padre en espíritu y en verdad, porque así quiere el Padre que sean los que le adoren. [24] Dios es espíritu, y quienes lo adoran deben hacerlo en espíritu y en verdad.

25 —Sé que viene el Mesías, al que llaman el Cristo —respondió la mujer—. Cuando él venga nos explicará todas las cosas.

26 —Ése soy yo, el que habla contigo —le dijo Jesús.

_____

Preguntas del discipulado:

o ¿Cuánta curiosidad tienes acerca de la creencia de otras personas?

o Describe la última vez que preguntaste algo acerca del caminar espiritual de alguien, y escuchaste sin inyectar tu propia opinión.

o ¿Cuáles son los desafíos de escuchar a otros?

o ¿Cómo han respondido las personas cuando tú los escuchas?

- ¿Has sentido que el Espíritu Santo está obrando al escuchar a alguien hablar? ¿Cuándo?

Pasos de acción:

- Tomando en cuenta esto, ¿qué te está pidiendo Dios a ti?

- ¿Cómo lo llevarás a cabo?

- ¿Cuándo lo harás?

- ¿Quién te ayudará?

2ª Parte:

Explicando las buenas nuevas y el camino de Jesús

Pregunta clave: ¿Cómo explicarías las buenas nuevas de Jesús en unos cuantos enunciados sencillos?

"Haz todo lo más sencillo que sea posible, pero no más sencillo." –Albert Einstein

Una parte muy significativa de lo que Jesús nos dijo, fue que debemos pasar el mensaje del evangelio a otros. Eso es hacer discípulos en el corazón de la gran comisión. Pasar el evangelio a otros sucede en dos partes: 1) teniendo un entendimiento claro de los fundamentos básicos de lo que es el evangelio, y 2) decidiendo cómo comunicarte mejor con los demás para que ellos también obtengan ese entendimiento de estos fundamentos. Por ejemplo, Jesús usó muchos ejemplos de agricultura y pesca, ya que reflejaban la cultura de la gente a la cual él estaba tratando de alcanzar. ¿Cómo podemos usar nosotros ejemplos modernos de la actualidad para explicarle a alguien más el evangelio?

"Creo en el cristianismo de la misma manera que creo que el sol ha salido: no sólo porque lo veo, sino porque por él, veo todo lo demás." –C.S. Lewis

a continuación. Comienza un fluir natural de oración

conversacional con el Espíritu Santo al meditar en las Escrituras, invitándolo a que Él se revele. Luego reúnete con los que estás compartiendo esta trayectoria, e interactúen con las preguntas del discipulado.

Salmo 34:8

Prueben y vean que el Señor es bueno;
dichosos los que en él se refugian.

Hechos 18:24-28

Por aquel entonces llegó a Éfeso un judío llamado Apolos, natural de Alejandría. Era un hombre ilustrado y convincente en el uso de las Escrituras. ^{25} Había sido instruido en el camino del Señor, y con gran fervor hablaba y enseñaba con la mayor exactitud acerca de Jesús, aunque conocía sólo el bautismo de Juan. ^{26} Comenzó a hablar valientemente en la sinagoga. Al oírlo Priscila y Aquila, lo tomaron a su cargo y le explicaron con mayor precisión el camino de Dios.

^{27} Como Apolos quería pasar a Acaya, los hermanos lo animaron y les escribieron a los discípulos de allá para que lo recibieran. Cuando llegó, ayudó mucho a quienes por la gracia habían creído, ^{28} pues refutaba vigorosamente en público a los judíos, demostrando por las Escrituras que Jesús es el Mesías.

Colosenses 4:3-4

y, al mismo tiempo, intercedan por nosotros a fin de que Dios nos abra las puertas para proclamar la palabra, el misterio de Cristo por el cual estoy preso. [4] Oren para que yo lo anuncie con claridad, como debo hacerlo.

_____

Preguntas del discipulado:

- o Describe el evangelio en menos de tres minutos, como se lo explicarías a alguien que todavía no lo entiende.

- o ¿Qué entiendes por los fundamentos básicos del evangelio?

- o ¿A quién conoces que necesita considerar esos fundamentos?

- o ¿Cómo puedes invitar a esa persona a hacerlo de la mejor manera?
- o ¿Cómo puede la decisión de seguir a Jesús hacerse más sencilla a la gente?

o Piensa en alguien a quien conoces. ¿Cómo puedes invitarlos a seguir a Jesús de tal manera que tenga sentido para esa persona?

o ¿Cómo puedes balancear tu entendimiento intelectual de los fundamentos con tu entendimiento por experiencia?

Piensa en una imagen

Imágenes, o ilustraciones descritas con palabras, son usadas por toda la Escritura, como por ejemplo: una semilla pequeña que crece a ser un gran árbol, un odre viejo rompiéndose cuando se llena con vino nuevo, o un campo vasto de trigo esperando a ser cosechado. Cuando consideras la historia del evangelio dentro de tu propio contexto cultural, ¿qué imágenes vienen a tu mente? Escoge una, y escribe un párrafo acerca de ella.

Pasos de acción:

o Tomando en cuenta esto, ¿qué te está pidiendo Dios a ti?

o ¿Cómo lo llevarás a cabo?

o ¿Cuándo lo harás?

o ¿Quién te ayudará?

3ª Parte:

Estableciendo a creyentes nuevos en un proceso de discipulado

Pregunta clave: ¿Qué tipo de proceso de discipulado estás usando para que las personas se establezcan?

Hay casi la misma cantidad de formas para discipular a personas, como lo hay personas en el mundo. Pero si dejamos el proceso de discipulado totalmente abierto, lo que tiende a suceder es que no sucede nada. Una mejor práctica, es establecer una opción por default para el discipulado, o un modelo para el discipulado, y permitir que las personas lo cambien y adapten según sea necesario.

Algunos de estos métodos de discipulado incluyen los "Grupos de transformación de vida" (LTGs, Life Transformation Groups), "T para T", "SOAP", tener un mentor, y hasta estas "Guías de dimensiones del discipulado" que usted tiene en sus manos. Cualquier cosa que provea algún contenido básico y algún formato para procesar tal contenido junto con otros puede funcionar como un motor de discipulado.

El elemento de aprender uno del otro es otra cosa que no es negociable en el discipulado. No podemos aprender a ser más como Jesús, y seguirlo más fielmente, aislado de los demás. No fuimos diseñados así como humanos, y ciertamente no es cómo Jesús estableció a las personas en el proceso del discipulado. Todos somos diferentes partes del mismo cuerpo y traemos todos distintos dones a la mesa. Por esta dinámica relacional, nadie puede discipular a otra persona solo. El cuerpo de Cristo completo es necesario. Podemos aprender uno de las otras cosas que no podemos aprender solos o solamente de una persona.

> "Aprende de los errores de otros. No puedes vivir lo suficiente como para que sólo tú los cometas todos."
> –Eleanor Roosevelt

Esta semana lee y reflexiona diariamente en la Escritura presentada a continuación. Comienza un fluir natural de oración conversacional con el Espíritu Santo al meditar en las Escrituras, invitándolo a que Él se revele. Luego reúnete con los que estás compartiendo esta trayectoria, e interactúen con las preguntas del discipulado.

Colosenses 3:12-17

Por lo tanto, como escogidos de Dios, santos y amados, revístanse de afecto entrañable y de bondad, humildad, amabilidad y paciencia, [13] de modo que se toleren unos a otros y se perdonen si alguno tiene queja contra otro. Así como el Señor los perdonó, perdonen también ustedes. [14] Por encima de todo, vístanse de amor, que es el vínculo perfecto.

[15] Que gobierne en sus corazones la paz de Cristo, a la cual fueron llamados en un solo cuerpo. Y sean agradecidos. [16] Que habite en ustedes la palabra de Cristo con toda su riqueza: instrúyanse y aconséjense unos a otros con toda sabiduría; canten salmos, himnos y canciones espirituales a Dios, con gratitud de corazón. [17] Y todo lo que hagan, de palabra o de

obra, háganlo en el nombre del Señor Jesús, dando gracias a Dios el Padre por medio de él.

2 Timoteo 1:13-14

Con fe y amor en Cristo Jesús, sigue el ejemplo de la sana doctrina que de mí aprendiste. ^{14} Con el poder del Espíritu Santo que vive en nosotros, cuida la preciosa enseñanza que se te ha confiado.

Mateo 11:28-30

»Vengan a mí todos ustedes que están cansados y agobiados, y yo les daré descanso. ^{29} Carguen con mi yugo y aprendan de mí, pues yo soy apacible y humilde de corazón, y encontrarán descanso para su alma. ^{30} Porque mi yugo es suave y mi carga es liviana.»

Preguntas del discipulado:

o ¿Cuáles son los sellos distintivos esenciales de una relación de discipulado sana? Haz una lista de todos los que se te ocurran.

o ¿A quién estás discipulando en la actualidad?

o ¿Cómo incorpora esa relación los elementos que escribiste en la lista?

o ¿Qué elementos están presentes y cuáles faltan o están incompletos?

o ¿En qué momento le darás un desafío a la persona a la cual estás discipulando para que él o ella comience a discipular a alguien más?

o ¿Cómo lo prepararás para esa responsabilidad?

Repasa tus opciones

¿Qué modelos del discipulado conoces? Repásalos y decide cuál se ajustaría mejor en tu contexto. Luego pruébalo por ti mismo. ¿Qué cosas funcionan bien? ¿Qué ajustes se deben hacer?

Pasos de acción:

o Tomando en cuenta esto, ¿qué te está pidiendo Dios a ti?

o   ¿Cómo lo llevarás a cabo?

o   ¿Cuándo lo harás?

o   ¿Quién te ayudará?

4ª Parte:

Conectando a personas con una comunidad de fe

Pregunta clave: ¿Cómo puedes conectar a creyentes nuevos con una comunidad de fe?

Nos necesitamos uno al otro. La cristiandad no es una fe donde vas solo. La manera en la que Dios implementó la iglesia desde el principio es para que vivamos nuestra fe desde un contexto de comunidad. Un creyente nuevo debe tener compañerismo con otros creyentes. Esa comunidad provee los medios para el ánimo, el desafío, el aprendizaje y la oración. Por lo tanto, cada vez que un creyente nuevo llega a la fe, se debe conectar con el resto del cuerpo de Cristo.

Sin embargo, existe el dilema en el que sacar a alguien de su red de amistades natural y rodearlos con Cristianos, puede bloquear el camino para que otros vengan a la fe a través de esa red de amistados. Así que, al mismo tiempo que conectes a nuevos creyentes con el cuerpo de Cristo, también necesitas asegurarte que permanezcan conectados con su red natural de amigos, familia y compañeros de trabajo.

"Cada vez que se convierte una persona nueva, has descubierto un codo, una rodilla, o una nariz. Se asume que el resto del cuerpo debe estar cerca, y que una iglesia surgirá al evangelizar la red de relaciones de la persona recién convertida. A través de cualquier persona encontrarás las semillas de una nueva iglesia." –Robert E. Logan, *Be Fruitful and Multiply* ("Sé fructífero y multiplícate")

Esta semana lee y reflexiona diariamente en la Escritura presentada a continuación. Comienza un fluir natural de oración conversacional con el Espíritu Santo al meditar en las Escrituras, invitándolo a que Él se revele. Luego reúnete con los que estás compartiendo esta trayectoria, e interactúen con las preguntas del discipulado.

Hechos 2:42-47

Se mantenían firmes en la enseñanza de los apóstoles, en la comunión, en el partimiento del pan y en la oración. [43] Todos estaban asombrados por los muchos prodigios y señales que realizaban los apóstoles. [44] Todos los creyentes estaban juntos y tenían todo en común: [45] vendían sus propiedades y posesiones, y compartían sus bienes entre sí según la necesidad de cada uno. [46] No dejaban de reunirse en el templo ni un solo día. De casa en casa partían el pan y compartían la comida con alegría y generosidad, [47] alabando a Dios y disfrutando de la estimación general del pueblo. Y cada día el Señor añadía al grupo los que iban siendo salvos.

Hechos 16:14-15

Una de ellas, que se llamaba Lidia, adoraba a Dios. Era de la ciudad de Tiatira y vendía telas de púrpura. Mientras escuchaba, el Señor le abrió el corazón para que respondiera al mensaje de Pablo. [15] Cuando fue bautizada con su familia, nos hizo la siguiente invitación: «Si ustedes me consideran creyente en el Señor, vengan a hospedarse en mi casa.» Y nos persuadió.

Hechos 16:31-34

—Cree en el Señor Jesús; así tú y tu familia serán salvos —le contestaron. [32] Luego les expusieron la palabra de Dios a él y a todos los demás que estaban en su casa. [33] A esas horas de la noche, el carcelero se los llevó y les lavó las heridas; en seguida fueron bautizados él y toda su familia. [34] El carcelero los llevó a su casa, les sirvió comida y se alegró mucho junto con toda su familia por haber creído en Dios.

_____

Preguntas del discipulado:

o ¿Cuándo has visto a un nuevo creyente completamente sumergido en la iglesia? ¿Puedes describir cómo te parecía eso? ¿Cuáles fueron los resultados?

o ¿Cuáles son los riesgos al dejar que un nuevo creyente continúe con su red de amistades existente? ¿Cuáles son los posibles beneficios?

o ¿Cómo puedes tomar un acercamiento que incluya ambos?

o ¿Qué necesitan nuevos creyentes de otros creyentes? ¿Cómo puedes asegurarte que esto se les provea?

Pasos de acción:

o Tomando en cuenta esto, ¿qué te está pidiendo Dios a ti?

o ¿Cómo lo llevarás a cabo?

o ¿Cuándo lo harás?

o ¿Quién te ayudará?

5ª Parte:

Ayudando a seguidores nuevos a hacer más seguidores

Pregunta clave: ¿Cómo estás ayudando a nuevos seguidores de Jesús a hacer más seguidores de Jesús?

Puedes hacer 100 seguidores de Jesús, pero si no los ayudas a hacer a más seguidores de Jesús, el impacto a largo plazo será pequeño. Por el contrario, si hicieras tres seguidores de Jesús, y les enseñaras cómo hacer más seguidores, y ellos le enseñaran a los que discipulan a hacer más discípulos, el impacto a largo plazo sería significativo y alcanzaría muy lejos. Ese es el poder que tiene la multiplicación sobre la suma.

El impacto personal en nosotros mismos es igualmente significativo. Dios nos llama a derramar lo que Él ya derramó sobre nosotros. Por haber sido amados, nosotros amamos a otros. Es contagioso. Cuando Dios trabaja en tu vida, naturalmente tienes algo para compartir con los demás. En turno, cuando tu compartes con otros, estás más abierto a la obra que Dios quiere hacer dentro de ti. Si estamos en una relación con Dios, tenemos una historia que contar... y esa historia se debe pasar de una persona a otra a través de las generaciones.

"¿Pero cómo podrías vivir y no tener historia que contar?"
— Fyodor Dostoyevsky, *White Nights* ("Noches blancas")

Esta semana lee y reflexiona diariamente en la Escritura presentada a continuación. Comienza un fluir natural de oración conversacional con el Espíritu Santo al meditar en las Escrituras, invitándolo a que Él se revele. Luego reúnete con los que estás compartiendo esta trayectoria, e interactúen con las preguntas del discipulado.

Hechos 16:4-5

Al pasar por las ciudades, entregaban los acuerdos tomados por los apóstoles y los ancianos de Jerusalén, para que los pusieran en práctica. ⁵ Y así las iglesias se fortalecían en la fe y crecían en número día tras día.

Efesios 4:11-13

Él mismo constituyó a unos, apóstoles; a otros, profetas; a otros, evangelistas; y a otros, pastores y maestros, ¹² a fin de capacitar al pueblo de Dios para la obra de servicio, para edificar el cuerpo de Cristo. ¹³ De este modo, todos llegaremos a la unidad de la fe y del conocimiento del Hijo de Dios, a una humanidadperfecta que se conforme a la plena estatura de Cristo.

Juan 4:39-42

Muchos de los samaritanos que vivían en aquel pueblo creyeron en él por el testimonio que daba la mujer: «Me dijo todo lo que he hecho.» ⁴⁰ Así que cuando los samaritanos fueron a su encuentro le insistieron en que se quedara con ellos. Jesús permaneció allí dos días, ⁴¹ y muchos más llegaron a creer por lo que él mismo decía.

42 —Ya no creemos sólo por lo que tú dijiste —le decían a la mujer—; ahora lo hemos oído nosotros mismos, y sabemos que verdaderamente éste es el Salvador del mundo.

Deuteronomio 7:8-9

Lo hizo porque te ama y quería cumplir su juramento a tus antepasados; por eso te rescató del poder del faraón, el rey de Egipto, y te sacó de la esclavitud con gran despliegue de fuerza.

9 »Reconoce, por tanto, que el Señor tu Dios es el Dios verdadero, el Dios fiel, que cumple su pacto generación tras generación, y muestra su fiel amor a quienes lo aman y obedecen sus mandamientos,

---

"La causa más grande del ateísmo en el mundo de hoy son los cristianos: quienes reconocen a Jesús con sus labios, salen por la puerta, y lo niegan en su estilo de vida. Eso es lo que un mundo incrédulo sencillamente no puede creer."
–Brennan Manning

Preguntas del discipulado:

o   ¿Qué legado espiritual quieres dejar?

○ ¿Cómo estás desafiando a los que estás discipulando para que hagan más discípulos?

○ ¿Cómo te asegurarás que el discipulado pase de generación a generación?

○ ¿De qué manera estás equipado, no sólo para hacer, sino para multiplicar discípulos?

○ ¿Cuál es tu visión para las generaciones futuras de creyentes?

○ ¿Qué bendiciones puedes orar sobre la siguiente generación de líderes?

Dólares y centavos:

Supongamos que un padre le ofrece a sus dos hijos que escojan tomar o un dólar a la semana por 52 semanas, o un centavo la primera semana y cada semana consecutiva le daría lo doble de la cantidad que le dio la semana anterior por el mismo tiempo. ¿Cuál de las dos opciones escogerías tú?

La primera opción sólo sería añadir un dólar a la semana, ese es el crecimiento linear. Al final de las 52 semanas, esta persona tendría $52. La segunda opción es multiplicación, o crecimiento exponencial. Si uno de los hijos escoge esta opción, al final del año tendría una cantidad increíble de dinero. De hecho, su ingreso la última semana (no el total acumulado por las 52 semanas) sería de $22,517,998,136,852.48. Inicialmente, la multiplicación es lenta, pero no dejes que esto te engañe. A la larga, la suma nunca puede seguirle el paso a la multiplicación. La multiplicación es explosiva.

Pasos de acción:

o   Tomando en cuenta esto, ¿qué te está pidiendo Dios a ti?

o   ¿Cómo lo llevarás a cabo?

o ¿Cuándo lo harás?

o ¿Quién te ayudará?

¿Qué sigue?

Así que has terminado esta guía. ¿Ahora qué? Existe alguna otra dimensión del discipulado en la que debes enfocarte? Si es así, ¿en cuál?

Ya que las Dimensiones del Discipulado no tienen la intensión de ser usadas en un orden en particular, te toca a ti escuchar al Espíritu Santo. Observa el panorama general, y decide a dónde es que Dios te está guiando después. Al seguir un sistema integral, siempre será una sorpresa. No importa qué guía escojas a continuación, estás comprometido en un proceso continuo de acción—reflexión, al continuar viviendo encarnado y misionalmente. Todas las guías de Dimensiones del Discipulado se indican a continuación:

- o *Experimentando a Dios:* Participando intencional y consistentemente con Dios en una relación más profunda

- o *Capacidad de Respuesta Espiritual*: Escuchando al Espíritu Santo y actuando según lo que escuchas

- o *Servicio Sacrificial:* Haciendo buenas obras, aún cuando sea costoso, inconveniente o un desafío

- o *Una Vida Generosa:* Fielmente administrando lo que Dios te ha dado para que el reino avance

- o *Haciendo Discípulos:* Haciendo más y mejores seguidores de Cristo al vivir la Gran Comisión

- o *Transformación Personal:* Cambiando tu conducta y actitud por tu relación con Dios y con los demás

- o *Relaciones Auténticas:* Participando con otras personas en maneras que reflejen el corazón de Dios hacia ellos o *Transformación en la Comunidad:* Una participación personal con otros para facilitar un cambio positivo donde vives y más allá

Tal vez lo que sigue no es otra guía de las Dimensiones del Discipulado. Estas son algunas otras opciones:

o Si tienes un amigo o un mentor con el cual has estado leyendo estas guías, o si te gustaría comenzar a discipular a alguien más, puedes incrementar grandemente la productividad de tu relación de asesor usando la siguiente herramienta: www.disciple.mycoachlog.com—esta te ayudará a permanecer en el camino, reflexionar en lo que Dios está haciendo, y celebrar el progreso.

o Tal vez estés listo para tomar esta relación con un asesor al siguiente nivel, ya sea buscando un asesor, aprendiendo cómo ser asesor, o entrenando a tu iglesia en lo que hace un asesor. Visita www.loganleadership.com para mayores informes acerca de estas oportunidades.

o Puedes seguir con series similares, como por ejemplo: Las guías The Journey Together Now ("El camino juntos ahora"). Puedes encontrar más información acerca de estas guías, y las podrás descargar en www.journeytogethernow.com.

Sin importar lo que sigue para ti, continúa creciendo en maneras en las que seguirás este viaje continuo del discipulado.

www.ingramcontent.com/pod-product-compliance
Lightning Source LLC
Chambersburg PA
CBHW071940020426
42331CB00010B/2951